MANCHE WÖRTER

FLIEGEN SCHNELLER AUFS PAPIER ALS
ÜBER DIE LIPPEN.

WEIL SIE GESCHICHTEN BEI SICH
TRAGEN,

DIE DAS HERZ NIE WIEDER HÖREN
MÖCHTE.

ABER SIND SIE ERST EINMAL
AUFGESCHRIEBEN,

FÜHLT SICH DIE WELT AN

WIE NACH EINEM WARMEN
JULIGEWITTER:

GEREINIGT –

UND IRGENDWIE GANZ SCHÖN LEICHT.

FEDERLEICHT.

AUF UND DAVON

Wenn mir

die Nächte zu
kalt,

die Blicke zu
leer

und diese
Schuhe zu
klein werden,

werde ich die Flügel ausbreiten

und fliegen –

wo Sonne und Meer sich küssen.

EIN KLEINES BISSCHEN EWIGKEIT

Du und ich,

atmen aus vollen Lungen die erste
Frühlingsluft ein.

Während unsere Herzen dem Ruf der
Freiheit folgen

und dem Wind davonlaufen,

machen wir Halt am Strand

und blicken der Sonne hinterher.

Kurz bevor sie für heute im Meer
versinken wird,

tanzen wir – Hand in Hand –

im Sand.

VOM HOFFEN

Wenn ich morgens aufwache, suche ich
sie. Ich rufe sie herbei. Drehe jeden Stein
um. Vergebens. Sie kommt nicht.
Vielleicht hat sie keine Lust. Vielleicht
hat sie andere Dinge zu tun, die
wichtiger sind. Fest steht: Sie fehlt.
Dann, wenn der Tag beginnt, drückt sie
sich verstohlen aus einer Ecke. Endlich.
"Hah", rufe ich. "Da bist du also!" Ich
stülpe ihr einen Sack über, fange sie ein.
So kann sie nicht davonlaufen. Ich
brauche sie, wenn ich durch den Tag
kommen möchte. Sie zappelt, wehrt
sich. Aber sie hat keine Chance. Ich
verwende meine gesamte Energie
darauf, sie bei mir zu behalten.
Symbolisch für all das, was mir jetzt
gerade fehlt. Was ich verloren habe.

Sie bleibt, hat sie doch auch keine Wahl.
Sie begleitet mich durch den Tag und
macht ihren Job gut. Sie klammert sich
an meine Gedanken. Besetzt sie
vollkommen und gibt mir dieses wohlig-
warme Gefühl, dass alles gut werden

wird. Zeitweise übertreibt sie. Versucht mich, in Hochgefühle zu versetzen. Betrinkt mich mit Alkohol. Ich verweigere mich. Ich gebe mich gerne der Illusion hin, ja. Aber ich bin auch Realist. Sie ist sauer: "Man wird doch wohl ein bisschen Spaß haben dürfen!" "Nein, darf man nicht", antworte ich. "Heute nicht. Mit mir nicht."

Als die Dunkelheit hereinbricht, wird sie müde und die alten Geister kriechen wieder in mir hoch. Es war ein anstrengender Tag bei mir und sie sehnt sich nach einer Mütze voll Schlaf. In einem unbedachten Moment stiehlt sie sich aus dem Sack. Ich sehe ihr nach – unfähig, etwas zu tun und wohl wissend, was jetzt passieren wird. Ein kalter Luftzug kündigt sie an: Gedanken und Gefühle, besetzt von Angst, Schmerz und Verlust. Projizieren mein vergangenes Glück auf eine große, weiße Wand. Szenen aus glücklichen Tagen, die gerade meilenweit entfernt sind, ziehen mich in den Bann. Ich kann den Blick nicht abwenden, muss alles mit ansehen. Lautlos laufen mir Tränen

über die Wange. Aber es ist niemand da,
der sie wegwischt.

DER LEISE KAMPF

Um etwas oder jemanden zu kämpfen -
was heißt das? Stärke zeigen? Mit der
Waffe in der Hand und Kampfgebrüll
wütend losstürmen? Sich beschützend
vor etwas oder jemanden werfen?
Keinen klaren Gedanken mehr fassen
können, aus Angst, etwas oder
jemanden zu verlieren? Nicht aufgeben?

Ich befinde mich gerade in einem Kampf.
Aber mein Kampf ist ein anderer. Mein
Kampf ist still. Der Kriegsschauplatz:
Mein Kopf und mein Herz. Von außen
betrachtet scheint es, als hätte ich
aufgegeben. Ein starrer Blick. Keine

Regung. Als würde ich in mir ruhen. Denn mein Kampf gleicht keinem herkömmlichen Kampf. Man hört weder Kampfgeschrei noch ist mein Gesicht schmerzverzerrt. Nur wer meinen Blick sucht und genau hinschaut, erkennt: Hinter meinen Augen tobt es. Ein blutiger Kampf zwischen dem, was ich instinktiv machen möchte und dem, was gerade der einzig richtige Weg zu sein scheint: Auf Distanz gehen, Ruhe bewahren. Die Emotionswellen über Bord werfen und eine starre Maske aufsetzen. Abwarten. Denn ich kämpfe um jemanden, der nicht zurückerobert werden möchte. Der sich weigert, umkämpft zu werden - von mir. Und doch mache ich es. Nur eben leise. Und ohne jegliche Aussicht auf Erfolg.

HERZMOMENTE

Komm, wir fahren ans Meer!

Mit einer großen Kugel Lieblingseis in der Hand,

liegen wir im warmen Sand.

Lauschen den Wellen und träumen von fernen Orten.

Spürst du den warmen Sommerregen auf deiner Haut?

Während wir, beseelt und mit vollem Herzen,

unter freiem Himmel sitzend,

den Tag verabschieden.

Lass uns barfuß durch den lauen Sommerabend tanzen.

Mit dem Fahrrad neue Lieblingsorte entdecken,

und uns küssen,

bis die Sterne funkeln und der halbe Mond aufgeht.

WAS WIR BRAUCHEN SIND ABENTEUER

Am schönsten reist es sich mit leichtem Gepäck.

Nur ein Rucksack voll mit Träumen.

Mit Flip-Flops an den Füßen,

und klopfendem Herzen,

in freudiger Erwartung auf den Moment.

Lass uns jeden Morgen mit Applaus begrüßen,

und den Zauber eines neuen Tages
feiern,

als wäre es ein Abschied für immer.

Dankbar und glücklich für das Jetzt,

und für alles, was war und was kommt.

Bis zum Platzen erfüllt mit
Abenteuerlust,

lassen wir alles hinter uns,

und sind bereit für die Wunder des
Lebens.

DEIN LIED

Ich höre deine Stimme noch. Doch sie ist leiser geworden.

Wohnt nicht mehr in meinem Kopf.

Spielt nicht mehr, Tag ein, Tag aus, die gleiche süße Melodie von uns.

Deine lachenden Augen begegnen mir nicht mehr in jedem meiner Träume.

Nur in besonders dunklen Nächten, wenn das Herz schwer ist, blitzen sie auf und berühren meine Seele.

Am Morgen danach bleibt nichts zurück, außer einem seltsamen Gefühl der Ernüchterung.

Ich erinnere mich noch an deine Sprache, deinen Witz.

In- und auswendig.

Wie ein altes Kinderbuch, das ich viel zu oft gelesen habe. Glockenschlagartig läutet es nach – die Erinnerung an eine weit entfernte Welt.

An einen Ort, den ich einmal mein Zuhause genannt habe - irgendwann, vor langer Zeit.

Ja, die Zeit.

Sie heilt alle Wunden, sagt man.

Und manche heilt sie so perfekt, dass man nicht einmal mehr genau weiß, ob es die Geschichte dahinter wirklich jemals gegeben hat.

ALS SIE GING

Er war immer da –

in ihren Gedanken.

Aber vor allem in ihrem Herzen.

Hatte sich dort ein kleines Plätzchen
gesucht.

Und es sich gemütlich gemacht.

Zu Beginn nur als kleine Flucht.

Bis aus einem "Bis bald mal" ein "Wann
sehen wir uns endlich wieder" wurde.

Denn bei ihr war alles Laute leise.

All das Chaos in seinem Leben hielt kurz
inne.

Und die Sonne strahlte immer etwas
heller.

"Was ein Glück", dachte er - und entschwand immer öfter aus seinem Alltag.

Der grau und trist wirkte. Ihn überrollte. Ohne sie.

Er nahm immer mehr von ihr und gab, was ihm möglich war.

Und überhörte dabei, was ihr Herz ihm zuflüsterte.

Wollte oder konnte nicht sehen - den wunderschönen Tanz beider Seelen.

Jedes Mal, wenn sie sich spürten.

Er war gefangen - irgendwo zwischen Verantwortung und Leidenschaft.

Zwischen Sicherheit. Und dem Leben.

Sie liebte ihn.

Und wusste doch: Eine leidende Seele kann nicht das Leben umarmen. Fühlt sich schwer. Und verliert sich am Ende - in einer Illusion.

Und weil sie nichts weniger konnte, als in seinem Herzen zu leben.

Gab sie ihm einen letzten Kuss.

Und ging.

BILDER

Da sind sie wieder. Blitzen unerwartet
auf, wie helle Funken in der Nacht.

Du. Sie. Es. Alles zusammen.
Vergangenes. Gegenwärtiges. Und die
strahlende Zukunft am Horizont.

Einblicke ins Leben. Geöffnet für die
Welt. Tragen den Titel "Momente des
Glücks". Sie haben viel zu erzählen. Vom
Leben. Vom Lieben. Dinge, die ich nicht
wissen möchte.

Bilder. Sie schreien wortlos mehr als
1000 Worte heraus. Direkt in mein
Gesicht.

Ich schließe die Augen. Aber es ist zu
spät. Gesehen ist gesehen. Bleibt im
Kopf. Geht ins Herz. Wühlt auf. Und lässt
mein Kartenhaus ins Wanken bringen.

Ja, ich gebe mich geschlagen. Aber nur
für diesen Augenblick.

MEHR ALS NUR EIN TEIL VON MIR

Ich öffne die Tür. Es ist dunkel und ich gehe die lange, enge Wendeltreppe hinunter.

Plötzlich stehe ich in ihrem Zimmer. Es ist ihr Zimmer, das weiß ich von der ersten Sekunde an. Sie sitzt an ihrem Schreibtisch mit Blick aus dem Fenster. Die strohblonden Haare sind zu zwei Zöpfen zusammengefasst. Der Pony liegt ein wenig verwuschelt auf der hohen Stirn. Sie hat mir den Rücken zugewandt. Bemerkt mein Eintreten nicht. So vertieft ist sie in ihr Tun, schreibt sie mit einem Stift auf ein großes, weißes DIN A 4 Blatt.

Ich trete an den Schreibtisch heran und blicke ihr über die Schulter. In schönster Schreibschrift malt sie hingebungsvoll Buchstabe um Buchstabe auf das Papier. Den Kopf leicht zur Seite geneigt, beißt sie sich in voller Konzentration auf die blutrote Unterlippe. Sie sieht so friedlich aus. So erfüllt. Ihre linke Hand ruht auf dem Papier. Finger an Finger sind ordentlich nebeneinander aufgereiht - so, als würden sie nichts anderes tun, Tagein, Tagaus. Als wären sie willkommen in dieser Welt. Aber ich weiß es besser. Denn ich kenne diese Hand. Die Geschichte. Und vor allem kenne ich dieses kleine Mädchen.

Ganz vorsichtig berühre ich ihre Schulter. Sie zuckt leicht zusammen und dreht sich erschrocken zu mir um. Unsere Blicke treffen sich. Ohne eine gesprochene Silbe verrät sie mir, dass sie gerade von sehr weit hergekommen ist. Ich blicke in ihre tiefgrünen, leicht gesprenkelten Augen, die ihre Oma ihr vererbt hat, und tauche für einen kurzen Moment ein in ihre Welt. Das Leben eines kleinen Mädchen, das überquillt vor Liebe, Neugier und Begeisterung. Und Unsicherheit. Ich sehe Szenen im Zeitraffer. Erlebnisse und Menschen, die ihr sagen, dass sie nicht gut ist, so wie sie ist. Ich sehe ihre Verwirrung, ihr Unverständnis darüber. Ihren fragenden Blick. Und wie sie den Worten schließlich Glauben geschenkt hat. Fest entschlossen, sich von nun an lieber zu schützen als sich der großen, weiten Welt da draußen so zu zeigen wie sie ist.

Aus Angst, dass es wieder passiert. Dass sie im Tiefsten ihres Herzen getroffen wird und jede neue Verletzung mehr schmerzt als die vorherige. Was weiß denn schon eine kleine Seele vom Leben?

Ich kenne diese Szenen, diese Gedanken und schmerzhaften Gefühle. Ich habe sie selbst erlebt, bevor ich sie vergraben habe - irgendwo ganz tief in mir.

Ich streichele ihren Kopf und nehme sie in den Arm. "Keine Angst", flüstere ich ihr zu, während mir Tränen über die Wangen rollen. Ihre anfängliche Scheu ist verflogen und sie fällt mir in den Arm. "Da bist du ja endlich", flüstert sie zurück. "Ich habe schon so lange auf dich gewartet". "Ich weiß", sage ich, während ich fest ihre Hände drücke. Beide. "Du bist jetzt in Sicherheit. Ich bin da."

ZEIT, AUFZURÄUMEN

Da warst du plötzlich.

Hast entspannt auf der Bank auf dem
Steg am Wasser gesessen - deinen
Blick mit geschlossenen Augen in die
Sonne gerichtet.

Abgelenkt von dieser Sinnlichkeit, hab
ich einen Moment nicht aufgepasst. Und
du hast wie im Vorbeigehen meine Tür
geöffnet.

Bist eingetreten, in mein Leben. Und in
mein Herz.

Stolz und selbstsicher. Als wüsstest du,
was dich erwartet.

Ohne zu wissen, wer ich bin.

Ohne zu fragen, ob ich das kann.

Hast mit deinen aufmerksamen
Augen und deinem wachen Verstand,
der nie schläft,

scheinbar genau nach den Verletzungen und Ängsten gesucht,

die ich doch schon so lange versucht habe, zu begraben.

Die ich nicht mehr ansehen und noch weniger spüren wollte.

Doch das war dir egal.

Du hast sie sofort entdeckt. Wie sie lauernd kauerten, in ihrer Ecke.

Bist mit beschwingtem Schritt auf sie zu gegangen und hast sie mit leiser, aber bestimmter Stimme heraus ins Licht gefordert.

Da stehen sie jetzt, aufgereiht, an der Steinmauer. Kalt und weiß wie sie. Erstarrt vor Angst - wie konntest du nur? Sie ächzen unter der plötzlichen Entblößung eines Fremden - und fürchten um ihr Leben. Zu Recht.

Erkenntnis. Wahrheit. Scham.

Ich fühle mich wie ein wilder Löwe, den man versucht, einzufangen. Es brüllt

laut auf in mir und gleichzeitig bin ich
unfähig, auch nur ein Wort zu sagen.
Über das, was da gerade mit mir
passiert. Während du einfach nur
dastehst. Und mich herausfordernd
ansiehst.

Alles wäre gerade möglich: Nach vorne
preschen. Mich leise entziehen.
Bestimmt und reflektiert erläutern, wer
zu was nicht bereit ist. Und warum. Ich
habe ein Dutzend Lösungen parat - fein
säuberlich ausgearbeitet und
dokumentiert. Bis auf eine. Die kenne ich
nicht. Noch nicht.

Aber bei dir funktioniert keine einzige
meiner Strategien. Als wenn man
versucht, mit einem falschen Schlüssel
die Haustür aufzuschließen.

Mein Blick wendet sich suchend nach
hinten. Wie so oft. Oh ja. Das gute, alte
Spiel - es ist mir so vertraut.

Ein Knopfdruck würde genügen und ich
wäre zurück - in meiner schönen, heilen
Welt. In der mich niemand verletzen
kann.

Da winkt sie mir auch schon verführerisch zu - die vertraute Flucht.

Wie oft habe ich mich schon auf ihren Rücksitz geschwungen, es mir gemütlich gemacht, mich leicht gefühlt in trügerischer Sicherheit, die offenen Haare im Fahrtwind flattern lassen und gedacht: "Puh, noch mal Glück gehabt. Schnell zurück nach Komforthausen!"

Doch so einfach das in diesem Moment wäre, genau so sehr weiß ich: Nicht wieder. Nicht jetzt. Nicht mit dir.

So sehr es mich an meine Grenzen bringt, so groß ist der Wunsch, zu bleiben. Bei dir. Mit dir.

Selten so gespürt. Noch nie so gespürt.

Ich drehe mich um. Flucht und Angst stehen Arm und Arm. Die ineinander verschränken Hände verzweifelt über den Kopf zusammengeschlagen, zeigen sie mit den anderen stellvertretend auf die Stellen, wo ihre eigenen Herzen laut und ängstlich schlagen.

Sie ahnen nicht, wie gut ich sie verstehe. Weil sie ich sind und ich sie bin. Aber es ist vorbei. Ich nicke ihnen aufmunternd zu – und wende mich um. In die entgegen gesetzte Richtung.

Denn du hast etwas entdeckt in mir. Etwas, das sich so unfassbar lange, ganz leise versteckt hielt. Und das dabei laut mein Leben bestimmt hat.

So viele Boten wurden mir schon geschickt. Nachrichten, die ich nicht lesen konnte, weil ich sie nicht verstehen wollte. Nicht konnte. Erst jetzt bin ich dazu bereit.

Das Leben kann nur vorwärts gelebt,
aber rückwärts verstanden werden.

Endlich ist es an der Zeit, aufzuräumen.

VON SEHR WEIT HER

Fast hätte ich dich nicht erkannt. Du lachst unbeschwert in die Kamera. Dein Gesicht, deine Mimik, deine Kleidung - ich kenne all das so gut.

Ich sehe Szenen mit dir, die ich schon fast vergessen hatte. Ich höre deine Gedanken, laut. Kann sehen, wovon du träumst, was du liebst. Deine größten Ängste liegen vor mir wie ein offenes Buch. Ich kenne jede einzelne deiner Bewegungen in- und auswendig. Und frage mich doch: Wer ist dieser Mensch? Vertraut und doch so weit entfernt. Du bist aus einer anderen Zeit, einem anderen Leben. Deine Gedanken sind nicht mehr meine. Die Linien um deine Augen sind ein wenig feiner. Und deine Sorgen, die dich nachts wachhalten, kommen mir plötzlich so unbedeutend vor. Wie deine kleine, heile Welt, von der du dachtest, sie würde für immer dein zuhause bleiben. Ein zu eng gewordener Schuh, aus dem man schon lange herausgewachsen ist. Du trägst den Schuh noch an deinem Fuß - aus Angst, dass ein neues Paar nicht passen könnte? Angst. Wovor eigentlich? Vor dem Leben? Was hast du erwartet? Hast du gedacht, das war's, ich richte es mir mal gemütlich ein? Oder hast du geahnt, dass da noch etwas anderes, viel Größeres auf dich wartet? Dass das Leben andere Pläne mit dir hat?

Ich stelle mir vor, wie wir uns begegnen. Es ist ein warmer Sommertag. Wir sitzen auf einer Parkbank und halten die Gesichter in die Sonne. Wie zwei alte Freundinnen, die sich lange nicht gesehen haben und noch so viel verbindet. Wir lachen über dieselben Dinge. Mögen die gleichen Sachen. Haben uns viel zu erzählen. Du hast die gleichen Ansichten wie ich. Nur manchmal, wenn ich von mir erzähle, von meinen Zielen, wie ich lebe und von dem, was ich erlebt habe, dann sehe ich für einen kurzen Moment so etwas wie Ehrfurcht in deinen Augen aufblitzen. Dann sagst du Sätze über das Leben, die mir vertraut vorkommen. Wenn du da so erzählst, frage ich mich, wie du sie verstanden hast. Mit dem Kopf. Oder mit deinem Herzen.

Als es zu dämmern beginnt, ziehen wir unsere dünnen Strickjacken über die Schultern und umarmen uns zum Abschied. Du drehst dich um und gehst, ohne dich noch mal umzudrehen. Ich sehe dir nach - und gehe dem feuerroten Sonnenuntergang entgegen.

DIE ANTWORT IST IMMER...

"Das Leben ist ungerecht", sagten sie. „Dinge passieren und man kann einfach nichts dagegen machen."

"Man muss auch mal zufrieden sein", sagten sie. „Wer immer weiter möchte, fällt irgendwann auf die Nase."

"Von wegen: Just do it!", sagten sie. „Manches ist unabänderlich – es ist eben nicht *alles* möglich."

Sie sagten so viel - unbewusst, unreflektiert. Weil sie keine Idee hatten, was noch möglich wäre. Mit einer kleinen Portion Mut.

Das Gegenteil von Liebe ist nicht Hass. Das Gegenteil von Liebe ist Angst. Angst vor der Norm? Vor der Gesellschaft? Vor dem Unbekannten? Angst vor dem Leben? Vielleicht.

Aber das Leben hat ein gut behütetes Geheimnis. Wenn du der Angst die Hand reichst, tanzt sie Salsa mit dir. Im ersten

Moment vielleicht etwas stürmisch.
Vielleicht kopflos, ja. Aber sie bewegt
sich. Sie bewegt dich – und bringt dich
voran. Raus aus der Komfortzone. Und
immer weiter.

Angst. Das Gegenteil von Liebe. Und in
so vielen Köpfen so viel mächtiger. Dass
wir uns unsere Leben einrichten,
verzichten und wehmütig scheitern an
Grenzen, die wir uns selbst gesteckt
haben. In unseren Köpfen, irgendwann
einmal, vor langer, langer Zeit.

Aber zu welchem Preis?

NUR ZU BESUCH

Liebster Herzensmensch.

Heute habe ich mal wieder diese Frage
auf den Lippen.

Warum liegst du jetzt nicht neben mir?

Schaust mit mir in die Sterne,

Hand in Hand,

Und fährst mir mit deinen Fingern
durchs offene Haar?

Unsere kleine Welt.

Voll mit Konfetti und langen
Gesprächen.

So ehrlich, so nackt, so nah.

Und doch zu wenig.

Wie viele Möglichkeiten hattest du?

Drei, fünf, Hundertundvier?

Keine konnte dich halten.

Denn du warst nie da.

Warst nur zu Besuch.

Und dabei hatte ich dir schon Platz
gemacht.

In meinem Bett.

Und in meinem Herzen.

AM ALTEN EICHENTISCH

Und jetzt sitzen wir hier,

an deinem alten Eichentisch,

vor halb leeren Tellern und vollen
Gläsern

und schauen uns tief in die Seelen.

Bei Kerzenlicht und offenem Fenster,

philosophieren wir über das Leben.

Deine großen, blauen Augen

sehen die Welt

wie sie meine niemals sehen werden.

Und als die Kirchturmuhr

zwölf Mal schlägt,

bleibt uns noch

ein allerletzter Kuss.

VOM SÜSSEN, WILDEN LEBEN

Ich rieche noch den Duft des süßen,
wilden Lebens,

wir tanzten barfuß durch die Nacht

und schliefen unterm Sternenhimmel
bis zwölf Uhr mittags auf deinem Dach.

Aber hey, wonach sollten wir auch
streben?

Der Strand war unser neues Zuhause.

Wir ließen uns einfach treiben,

wie ein verlorenes Stück Holz im
türkisfarbenen Meer.

Oh, dieses wilde, süße Leben,

es forderte unsere Energie und boxte
uns.

Im K.O. flogen wir auf die Matte, wie
Klitschko in der 11. Runde.

Dann stützten wir unsere vollen Köpfe
auf die leeren Gläser und Weinflaschen,

und leerten die noch viel leereren
Taschen

aus.

Trockneten nachts auf Balkonen
verheulte Augen,

wenn ein Kuss nicht hielt,

was doch versprochen war.

Nachts, um halb zwei, vor der Bar.

Wieso kann man nicht festhalten, was
nicht verloren gehen soll?

Weil Jan andere Pläne hatte. Und Tom.
Und Felix, der sowieso.

Und wir ja auch, irgendwo.

Was gehen möchte, geht.

Und was bleiben möchte, das bleibt.

Hört sich an wie ein fader Spruch aus
dem Poesiealbum?

Glaub mir, es klingt ehrlich traurig, auf
dem Klavier, in d-Moll.

Und ich höre ihn noch, den verlockenden
Ruf dieses süßen, wilden Lebens,

wir dachten weiter als zur Graffitiwand,

doch nie bis zum Morgengrauen - so mit
Hand in Hand.

Und schon gar nicht bis zum nächsten
Jahr.

Stattdessen zelebrierten wir unsere
Unabhängigkeit.

Waren wie Raketen dem Firmament so
nah.

Und wussten doch genau: Irgendwann
bindet sich auch jeder noch so freie
Luftballon

an einen Zweig oder vielleicht auch an einen rostigen Laternenmast.

Irgendwann heißt es "bye-bye" - ja Echt.

Für uns alle - okay, oder fast.

Das wilde, süße Leben,

zwinkerte uns verheißungsvoll zu,

und drehte dann langsam, ganz langsam die Musik leiser,

wie der DJ beim letzten Song,

bevor es nach Hause geht - alleine oder zusammen.

Ihr wart bereit, als der Ernst des Lebens im feinen Hemd,

auf der Tanzfläche erschien - die Haare streng zur Seite gekämmt.

Ihr haktet euch unter und sangt im Chor: "Es ist Zeit, mein Kind. Wir werden ja alle nicht jünger!"

Ich blickte euch nach - mit halbleerem Glas in der Hand rief ich heiser:

"Wir müssen nicht, wenn wir nicht wollen!"

Und weil eure Uhren so schrecklich laut tickten,

dass keiner mehr schlafen konnte und die Mütter schon die ersten Kinderschuhe strickten.

Fand sich, was zusammengehörte,

oder - sollte ich eher sagen - was keinen sonderlich störte?

Gefestigt ging es jedes Wochenende
zum Möbelkauf,

Bäuche wuchsen im Dauerlauf.

Und es verschwand die Erinnerung an
das süße, wilde Leben.

Flackerte nur hin und wieder auf, wenn
das jetzige Leben zu arg kratzte –

in euren Träumen.

EIN SOMMERTANGO

Du kamst wie eine Rakete auf Speed in
mein Leben geschossen,

groß, laut und mit Überschall.

Warst alles, nur nicht verschlossen.

Ein armer Liebesbettler, wolltest so viel

von mir.

Ich war nur eine Sekunde irritiert,

und griff dann beherzt in deine leeren
Taschen.

Ist doch sonst nicht so mein Stil.

Nur um festzustellen, dass da nichts
war.

Doch anstatt meine Jacke zu schnappen,
mein Herz und zu gehen,

blieb ich wie vom Blitz getroffen stehen,

und verfing mich mit den Händen in
deinen dunklen Haaren.

Ich vertraute, öffnete – erst das Bier und
danach mich,

erkannte mein Herz nich

wieder.

Es gab sich so schamlos hin.

Genoss,

liebte,

atmete auf.

„Pass auf, dass du dich nicht verletzt
und lauf",

rief ich mir selbst zu,

wie in einer schrägen Jim Carrey-
Verfilmung,

Aber mein bescheuertes Herz gab
einfach keine Ruh'.

Wollte dir nah sein.

Warum bemerkte ich nicht – da war kein
Heiligenschein

über deinem Kopf.

Eher ein Batman-Umhang,

über deinen schmalen Schultern,

Ja, ja, vier is ne Gäng und so.

Und während du diese Striche
zeichnetest

und Freestyle-Lieder sangst,

staunte ich mit großen Augen,

zu was deine Hände und dein Mund
alles taugen

konnten.

In jeglicher Hinsicht.

Ich ließ mich mitreißen,

flog mit, ein Stück.

Machte die Nacht zum Tag.

was ist, wenn ich dich ehrlich mag?

Die wilden Blumen auf dem Feld waren
Mein,

du pflücktest sie für mich, denn ich war
jetzt dein

absoluter Lieblingsmensch. Das sagtest
du.

Wie verdammt gern hörte ich deinen
Worten zu.

Ließ mich von dir ans Meer bringen,

und um meine Fassung ringen.

Als ich merkte,

dass ich dich so hart vermisste.

wie es nur Henning und Juju singen
können – in deiner Lieblingsplayliste.

Und wir uns gar nicht mehr trennen
wollten,

passierte es – ich ließ das Schild sinken,

die Deckung fallen, fing sofort an zu
hinken,

als du mich am linken Bein trafst,

doch noch tiefer erwischtest du mein
naives Herz.

Im Juni war es plötzlich kalt wie im
Winter.

Und als, einer Atlantik-Welle gleich,
angerollt kam, der Schmerz,

hing meine leichte Sommerjacke immer
noch überm Stuhl.

Ich sah in deine braunen Augen und
suchte das Meer,

ich fand es nicht – ist das fair?

Nein, das ist die Liebe.

Ohne Aussicht auf Erfolg, ein Nehmen und Geben.

Und manchmal gibt es nichts zurück

außer einen fast fertigen Stuhl

in dem du jetzt Ausschau hältst nach dem großen Glück.

Bekommst du hier noch einen Gratis-Tipp

von mir mit auf deinen Weg:

Füll deine leeren Taschen ordentlich auf mit Sand,

denn sonst findest du keine Liebe,

sondern wieder nur eine weiche Hand,

die dich ein kurzes Stück begleitet,

solange, bis sie mit deinen bösen Geistern fighted,

die nicht besiegt sind, sondern nur
schlafen.

Du bist nicht Batman.

Du bist ein großer Junge auf einem
Skateboard,

der sich heute noch danach sehnt,

das zu sein was er von anderen
erwartet: sein größter Fan.

SALZTROPFEN

Es war ja längst beschlossen:

Du machst Kinder,

und ich lauf wie angeschossen,

durchs Nachtleben.

Wer hat was zu geben?

Er nicht. Ich nicht. Du nicht. Sie nicht.

Was ist das für'n Spiel?

Nie Wahrheit, immer nur Pflicht.

Ich seh' nur Menschen ohne Ziel.

Gab es je diesen, unseren Weg,

den du auf meinen Rücken gemalt hast
– zum Haus mit Steg?

Du und ich?

Ich glaub' eher nich'.

Wenn die Maske fällt,

fällt sie hart.

Ich höre, wie mein Herz laut bellt.

Wie oft habe ich an dich gedacht?

Deine Sorgen zu meinen gemacht?

Mich vor dein fragwürdiges Verhalten
gestellt?

Ja, es ist hart, wenn die Maske fällt.

Ich weiß was,

und ich weiß, was gut ist für mich.

Es ist federleicht - ohne dich.

Damit ich nicht an dieser Geschichte
ersauf',

sag ich mir diese Sätze wie ein Gute
Nacht-Gebet auf:

*"Meine Augen lassen keine Salztropfen
mehr fort.*

*Und über meine Lippen kommt keine
Silbe, kein verdammtes Wort.*

*Die besten Plätze in meinem Kopf sind
längst besetzt.*

*Und kein Satz auf Papier, der unsere
Geschichte fortsetzt."*

Doch: Der Verstand ist willig und das
Herz oft schwach,

und so passiert es und ich lieg'
manchmal wach,

und vermiss' mein vermeintliches Glück.

Will einfach nur in deine Arme zurück.

Und der Tanz beginnt - immer reih um
im Teufelskreis,

Kinder werfen Konfetti und Reis.

Nach drei Bier bin ich nüchtern und die
rosaroten Brillen sind aus,

denn sie wohnt noch in deinem Haus.

Die „Wir beide"-Platte hat einen Sprung,

steck dir dein „du hältst mich so jung"

wohin du magst.

Danke, dass du immer fragst,

wie es mir geht.

Doch der Wind auf dem Meer hat sich
gedreht.

Und als die Sonne hinter'n
Häuserdächern versinkt,

und die Nacht mir versöhnlich winkt,

sitz' ich hier - Kopf leer und Glas voll.

Rollen schon die ersten, blöden
Salztropfen über mein Gesicht.

Und ich schreib dir dieses allerletzte
Liebesgedicht.

KEIN LAND IN SICHT

Als ich begriff,

dass du schon immer warst,

wer du heute bist,

fühlte ich mich wie der Kapitän auf
einem sinkendem Schiff.

Der, weil auf der Karte geirrt und kurz
vor dem ersehnten „Land in Sicht!",

mit letzter Kraft die weiße Flagge hisst.

UMSONST GEDACHT

Worte.

Verknotet. Glasklar. Da. Über dich. Uns.
Fahren Karussell für Erwachsene in
meinem Kopf.

Worte.

Geschrieben auf weißes Papier.
Durchgestrichen. Neu geschrieben.
Durchgelesen. Etwa 108 Mal.

Worte.

Geboren im Herzen. Scharren
ungeduldig. Wollen raus ins Leben. Jetzt!
Adressat: Du.

Ich falte das Blatt auseinander.

Suche deine Augen, hole tief Luft.

Bevor der erste Ton die Stille erhellen
kann,

drehst du dich um und gehst.

STRANDLÄUFER

Grüße überall Möwen

und summ dazu deine Melodie,

wenn ich mal Schuhe statt barfuß trage.

Angesteckt von deiner Energie,

tanzen wilde Mähnen in salzigen
Winden.

Ohne Grenzen,

aber mit Muschelschätzen in der Hand,

gebe ich jedem Sandkorn einen Namen.

Hefte meinen Blick an deinen Alles-ist-
möglich-Horizont,

reiche dir meine Hand und verbinde
mich mit deiner magischen Kraft.

Im Sommer wie im Winter:

Mein Zuhause ist,

wo Wellen sind.

DU BLEIBST

Verloren blicken deine müden Augen an
mir vorbei.

Sie haben schon so viel gesehen, in
dieser Welt und in diesem Land.

Manchen Schmerz und manch braune
Partei.

Wollen sich ausruhen - ein letztes Mal
vielleicht.

Sanft streichele ich deine faltigen
Hände.

Wenn deine Haut sprechen könnte,

sie würde erzählen - ja, ganze Bände.

Geschichten vom Lachen, vom Weinen,
von harter Arbeit und schweren Zeiten.

Beim Frühstück und bei Kaffee mit
Sahnetorten,

scheint die Zeit stehen geblieben.

Am runden Esszimmer-Tisch mit der
Hängelampe verrät dein leerer Blick:

Du bist weit fort, an anderen Orten.

Seit ich denken kann, warst du mein
Zuhaus.

Hattest mir immer so viel
Lebenserfahrung voraus.

Wenn ich dich jetzt sehe, verletzlich und
alt,

fühle ich mich so hilflos und klein.

Von deinem Leben ist nicht mehr viel
da -

außer deine Hausschuhe, das schwarze
Paar,

wenn du sie nicht mal wieder vergisst.

Wie das Zähneputzen oder meinen
Namen gelegentlich.

Ich vermisse deine Witze und dein
lautes Lachen.

Stattdessen nur auswendig gelernte
Phrasen,

weil dir die Wörter fehlen.

Um deine Geschichten von früher zu
erzählen.

Du bist da und fehlst mir doch so sehr.

Aber meine Erinnerung an dich, die gebe
ich nicht her,

Und wenn du von dieser Welt gehst, sei
dir gewiss,

ein Platz in meinem Herzen ist nur für
dich.

FEDERLEICHT

Es ist, als wäre ein großer, schwerer
Stein,

direkt von meinen Schultern in die Alster
gefallen.

Mein Kopf hat aufgehört, sich um dich
zu drehen.

Und mein Herz bleibt nicht mehr
sekündlich stehen.

Beim Gedanken an dich.

Keine Geschichten mehr,

die mein Verstand denken muss.

Keine überschlagenden Gefühle mehr,

wie nach zu viel Wodka mit Schuss.

Nur tiefe Klarheit und ein Ozean an Stille
in mir.

Klarheit – wie oft hab ich verzweifelt
danach gesucht.

Hab sie herbeigedacht,

und sie verflucht.

Wenn sie mal wieder nicht kommen
wollte.

Hab sie manifestiert und aus schlauen
Büchern geklaut,

und mir damit ein schönes, weißes
Luftschloss gebaut.

Doch als ich nicht mehr versuchte zu
wissen, sondern endlich verstand:

Da war nie ein magisches Band -

zwischen uns, das uns vereinte.

Es waren nur meine alten,
schmerzhaften Wunden,

die du geschickt berührtest,

und mich so in deinen Bann entführtest.

Da war es wie nach einem Unwetter auf
hoher See,

wenn sich die dunklen Wolken lichten,

und Kapitäne den Kompass gen Norden
ausrichten,

um neue Horizonte zu sichten.

Erst das freie Herz erkennt wieder
seinen wahren Sinn.

Wirft im Sprung das schwere
Kettenhemd hin,

und tanzt federleicht im Sonnenlicht.

Als hätte es nie eine Verletzung gefühlt,

werden alle geweinten Tränen zurück
ins Meer gespült

Sie hatten ihre Zeit, sie dürfen dort
bleiben.

Denn um zu lieben, braucht es keine
verstaubten Geschichten.

Ein offenes Herz ist mehr als genug.

NACHWEISE

Cover:

Anne Nygard

Seite 6:

Fotocredit Tim Foster

Seite 7:

Fotocredit Ryan Holloway

Seite 11:

Fotocredit Saad Chaudhry

Seite 13:

Bild Volkan Olmez

Seite 15:

Fotocredit Everton Vila

Seite 17:

Fotocredit Sasha Freemind

Seite 20:

Fotocredit Thomas Kinto

Seite 23:

Fotocredit Jared Weiss

Seite 26:

Bild Chantel Lucas

Seite 30:

Fotocredit Ryan Parker

Seite 35:

Fotocredit Rowan Heuvel

Seite 39:

Fotocredit Aaron Burden

Seite 42:

Fotocredit Allef Vinicius

Seite 44:

Fotocredit Michael Shannon

Seite 47:

Fotocredit Serge Esteve

Seite 53:

Fotocredit Cyrus Crossan

Seite 58/59:

Juju feat. Henning May „Vermissen". Jinx Music, Chapter One, Universal Music. 2019.

Seite 61:

Fotocredit Randy Fath

Seite 67:

Fotocredit Levi XU

Seite 70:

Fotocredit Jordan Madrid

Seite 72:

Fotocredit Markus Spiske

Seite 73:

Fotocredit Harli Marten

Seite 76:

Fotocredit Nikola Knezevic

Seite 82:

Fotocredit Javardh

Herstellung und Verlag:
BoD – Books on Demand, Norderstedt
ISBN: 978-3-7504-2989-5